과학 발전을 앞당긴 사람들

아인슈타인

신인래 글 · 장인찬 그림

"엄마, 도대체 이게 뭔데 이렇게 흔들려요?"
알베르트는 신기한 듯 상자 안을 들여다보았어요.
조그만 상자 안에는 한쪽 끝이 빨갛게 칠해진 가늘고 예쁜
바늘이 상자가 흔들릴 때마다 흔들리고 있었어요.

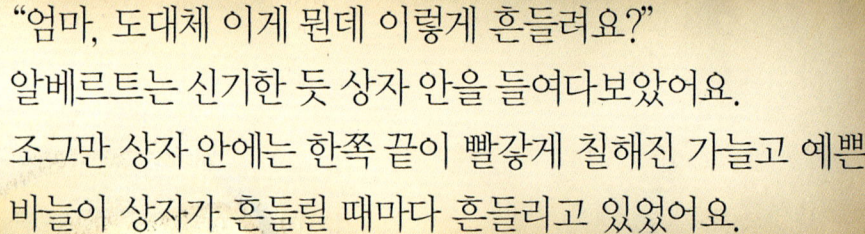

"이것은 나침반이라고 한단다."
"나침반이 뭔데요?"
"나침반은 우리에게 방향을 가르쳐 준단다. 이 나침반만
있으면 동서남북이 어딘지 금방 알 수 있지."
"동서남북이 뭔데요?"
알베르트의 질문은 끝도 없이 이어졌어요.

알베르트 아인슈타인은 독일에서 태어났어요.
알베르트 아인슈타인의 부모님은 유대 인이었는데,
그 당시 유대 인들은 나라가 없어서 세계 여러 나라에
흩어져 살고 있었지요.
알베르트는 뮌헨 시에 있는 초등 학교에 입학했어요.

처음 알베르트는 모든 것이 신기하고 기뻤지만,
이내 학교에 싫증을 내고 말았어요.
"내가 알고 싶은 것은 가르쳐 주지도 않고,
재미없는 것만 배우는 공부는 하기 싫어요."
알베르트가 점점 성적이 나빠지고
친구들과 어울리지도 못하자
부모님은 매우 걱정이 되었어요.

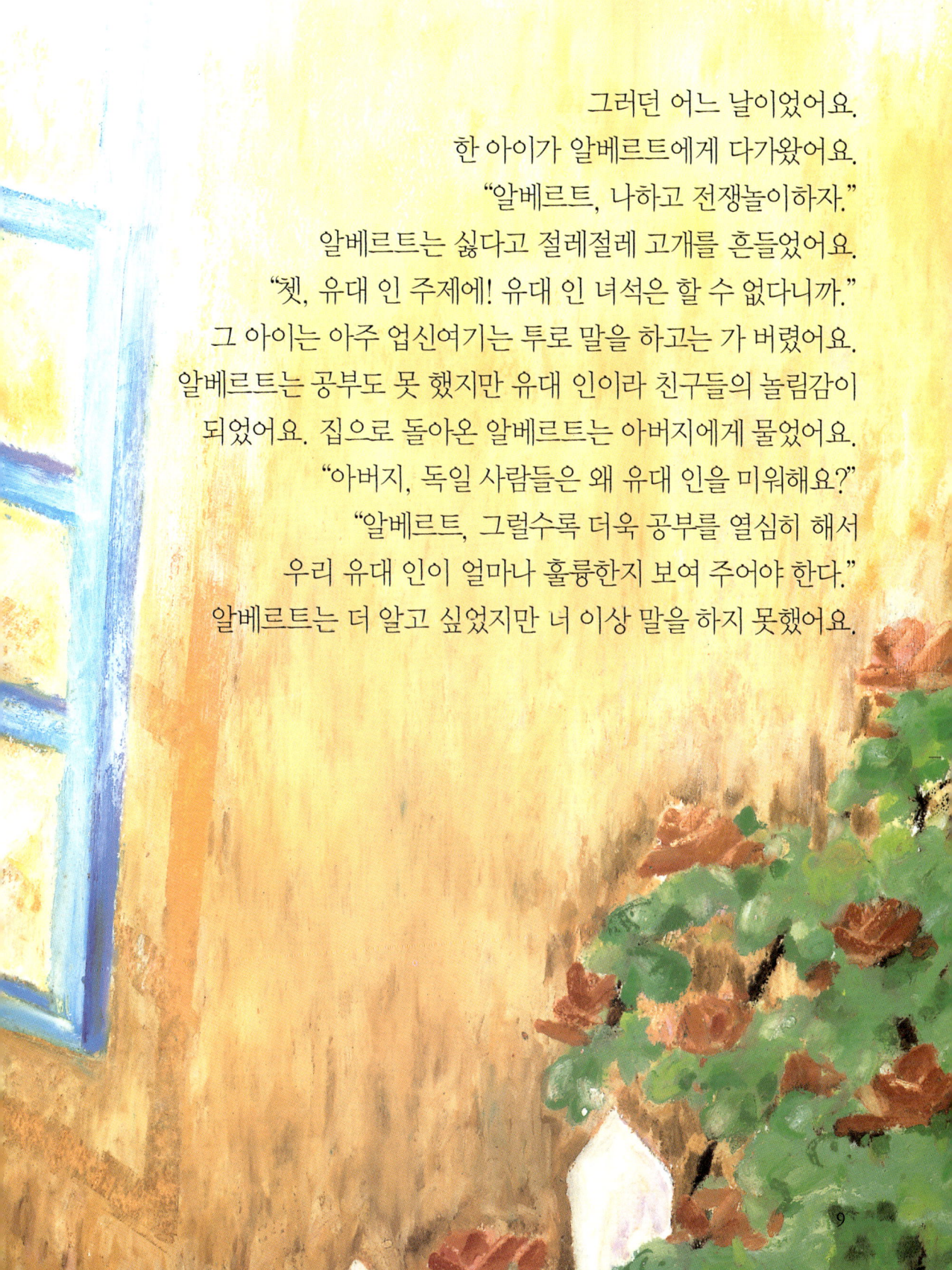

그러던 어느 날이었어요.
한 아이가 알베르트에게 다가왔어요.
"알베르트, 나하고 전쟁놀이하자."
알베르트는 싫다고 절레절레 고개를 흔들었어요.
"쳇, 유대 인 주제에! 유대 인 녀석은 할 수 없다니까."
그 아이는 아주 업신여기는 투로 말을 하고는 가 버렸어요.
알베르트는 공부도 못 했지만 유대 인이라 친구들의 놀림감이
되었어요. 집으로 돌아온 알베르트는 아버지에게 물었어요.
"아버지, 독일 사람들은 왜 유대 인을 미워해요?"
"알베르트, 그럴수록 더욱 공부를 열심히 해서
우리 유대 인이 얼마나 훌륭한지 보여 주어야 한다."
알베르트는 더 알고 싶었지만 더 이상 말을 하지 못했어요.

어느 화창한 날, 알베르트의 가족은 공원으로 소풍을 갔어요.
얼마 뒤, 길 건너편에서 북 소리와 나팔 소리가 들려 왔어요.
곧 어깨에 총을 멘 군인들이 발을 맞추며 걸어오고 있었어요.
"어머, 정말 멋진 군인들이야!"
공원에 있던 사람들은 저마다 한 마디씩 했어요.
"어쩜 저렇게 기계처럼 움직이죠? 엄마, 너무 무서워요."
알베르트는 어머니의 품에 꼭 안겨서 군인들을
쳐다보지조차 못 했어요.
"알베르트! 이 겁쟁이 같은 녀석!"
아버지는 알베르트의 약한 모습에 화가
났어요.

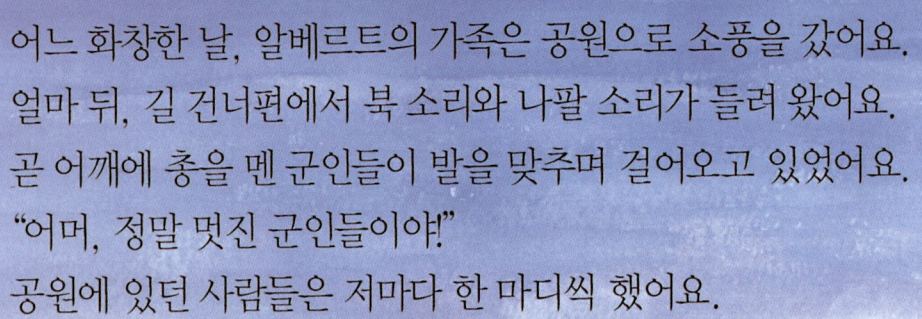

초등 학교를 졸업한 알베르트는 김나지움에 들어갔어요.
김나지움은 중학교와 고등 학교를 합친 독일의 학교예요.
김나지움 역시 초등 학교 때와 마찬가지로 군대처럼 엄하고
유대 인에 대한 차별이 심했어요.
'이해도 되지 않는데 무조건 외우라고만 하다니, 정말 싫어!'
알베르트는 학교에 대한 불만이 쌓여만 갔어요.
"알베르트, 왜 시키는 대로 외워 오지 않는 게냐?"
선생님은 숙제를 제대로 해 오지 않은 알베르트를 나무랐지요.
"선생님, 왜 꼭 그것을 외워야 하나요?"
선생님은 알베르트의 말에 더 이상 말을 잇지 못했어요.

어느 날이었어요.
"알베르트, 기분이 안 좋아 보이는구나!"
그러자 알베르트는 삼촌에게 대뜸 말했어요.
"삼촌, 저 학교에 가기 싫어요!"
"왜? 학교 공부가 재미없니?"
"네, 수학도 외우라고만 하니까 뭐가 뭔지 통 모르겠어요."
삼촌은 조카의 마음을 이해한다는 듯이 빙긋 웃었어요.
"그래? 그렇다면 내가 수학을 재미있게 가르쳐 줄게."
삼촌은 수학을 알기 쉽게 가르쳐 주었어요. 알베르트는 삼촌과 하는 수학 공부가 무척 즐거웠어요. 학교에서도 수학만은 늘 일등이었지요. 알베르트는 이제 자신감이 생겨서 성격도 밝아지고 유대 인 친구도 사귀게 되었답니다.

알베르트의 가족은 이탈리아의 밀라노로 이사를 가게 되었어요. 아버지가 사업에 실패했기 때문이에요.
"알베르트, 너는 2년만 있으면 졸업하니, 기숙사에 남아 그대로 공부를 계속하거라."
알베르트는 가족과 함께 떠나고 싶었지만, 졸업장을 받아야 대학에 갈 수 있다는 아버지의 뜻에 따르기로 했답니다.
알베르트는 김나지움의 기숙사에 들어갔어요.
'아, 여기는 군대보다 더 심하구나. 졸업할 때까지 어떻게 참지?'
마침내 알베르트는 아프다는 핑계를 대고 학교를 그만두었어요.
'다른 나라에서 열심히 공부하여 독일 사람들을 깜짝 놀라게 해 주어야지.'

"어쩔 셈이냐? 대학은 어떻게 가려고?"
알베르트가 돌아오자, 아버지는 벌컥 화를 냈어요.
"스위스의 취리히 공과 대학은 졸업장 없이도 시험에만
합격하면 들어갈 수 있다고 합니다."
알베르트는 아버지를 설득시켰어요.
하지만 알베르트는 시험에 떨어지고 말았답니다.
그러나 얼마 후 대학 학장으로부터 연락이 왔어요.
"알베르트 군, 자네의 수학 성적은
아주 뛰어나지만, 다른 과목이 좀 부족하구먼.
고등 학교에서 1년만 더 공부한다면
우리 대학에 입학시켜 주겠네."
용기를 얻은 알베르트는
취리히에 있는 고등 학교에서 공부했어요.
그리고 우수한 성적으로 졸업했답니다.

알베르트는 시험을 보지 않고 바로 취리히 공과 대학에
들어갔어요. 대학생이 된 아인슈타인은 물리학 공부를
열심히 했어요. 아인슈타인은 대학을 졸업하고
베른에 있는 특허청에서 일하게 되었지요.
특허청장은 아인슈타인을 크게 칭찬했어요.
"아인슈타인 같은 직원은 처음이야.
다른 사람 같으면 종일 걸릴 일도 아인슈타인은
단 몇 시간이면 해낸단 말이야."
얼마 후, 아인슈타인은 같은 대학을 다닌
밀레바와 결혼했어요. 1905년, 이 때부터
아인슈타인은 세계 역사를 뒤바꿔 놓은 아주
중요한 논문을 잇달아 발표했어요.
아인슈타인이 발표한 '상대성 원리'는
많은 사람들을 놀라게 했답니다.

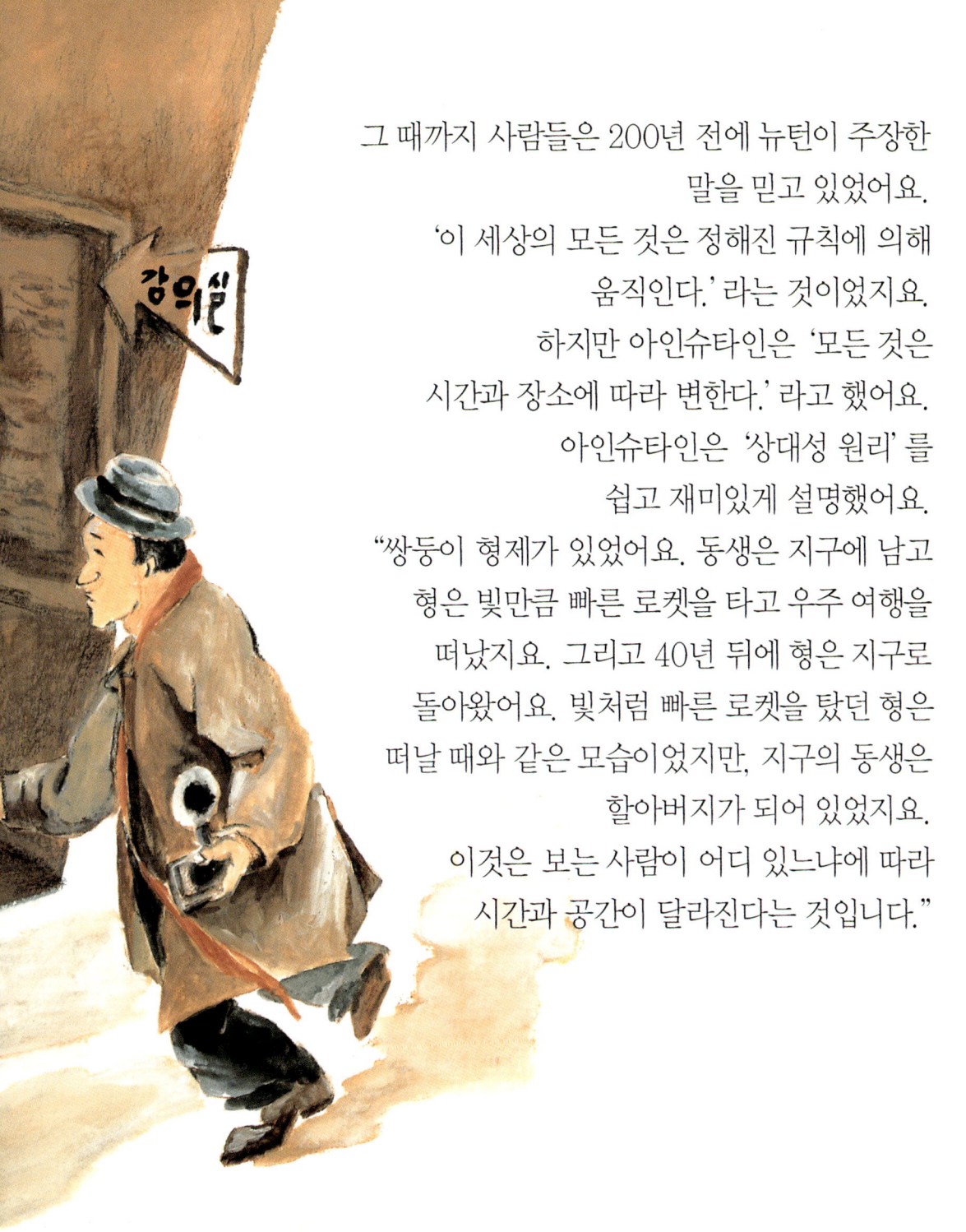

그 때까지 사람들은 200년 전에 뉴턴이 주장한 말을 믿고 있었어요.
'이 세상의 모든 것은 정해진 규칙에 의해 움직인다.'라는 것이었지요.
하지만 아인슈타인은 '모든 것은 시간과 장소에 따라 변한다.'라고 했어요.
아인슈타인은 '상대성 원리'를 쉽고 재미있게 설명했어요.
"쌍둥이 형제가 있었어요. 동생은 지구에 남고 형은 빛만큼 빠른 로켓을 타고 우주 여행을 떠났지요. 그리고 40년 뒤에 형은 지구로 돌아왔어요. 빛처럼 빠른 로켓을 탔던 형은 떠날 때와 같은 모습이었지만, 지구의 동생은 할아버지가 되어 있었지요.
이것은 보는 사람이 어디 있느냐에 따라 시간과 공간이 달라진다는 것입니다."

상대성 원리가 발표된 후 아인슈타인은 유명해졌어요.
그러자 세계 여러 나라 대학에서 교수로 와 달라고 했지요.
아인슈타인은 독일에 있는 대학으로 가기로 했어요.
"그 곳에 가면 월급도 많이 주고 연구도 마음대로 할 수 있소."
"당신은 진심으로 우리 아이들이 독일 학교에서 교육받길 원하세요? 난 절대 그럴 수 없어요."
결국 아인슈타인은 밀레바와 헤어지고 혼자서 독일로 갔어요.
1914년, 제1차 세계 대전이 일어났어요.
"아인슈타인, 이 전쟁에 당신의 도움이 필요합니다."
"저는 수많은 사람을 죽고 다치게 하는 전쟁을 싫어합니다."
도와 주기를 바라는 독일의 부탁을 거절한 아인슈타인은
독일 정부로부터 미움을 샀어요.

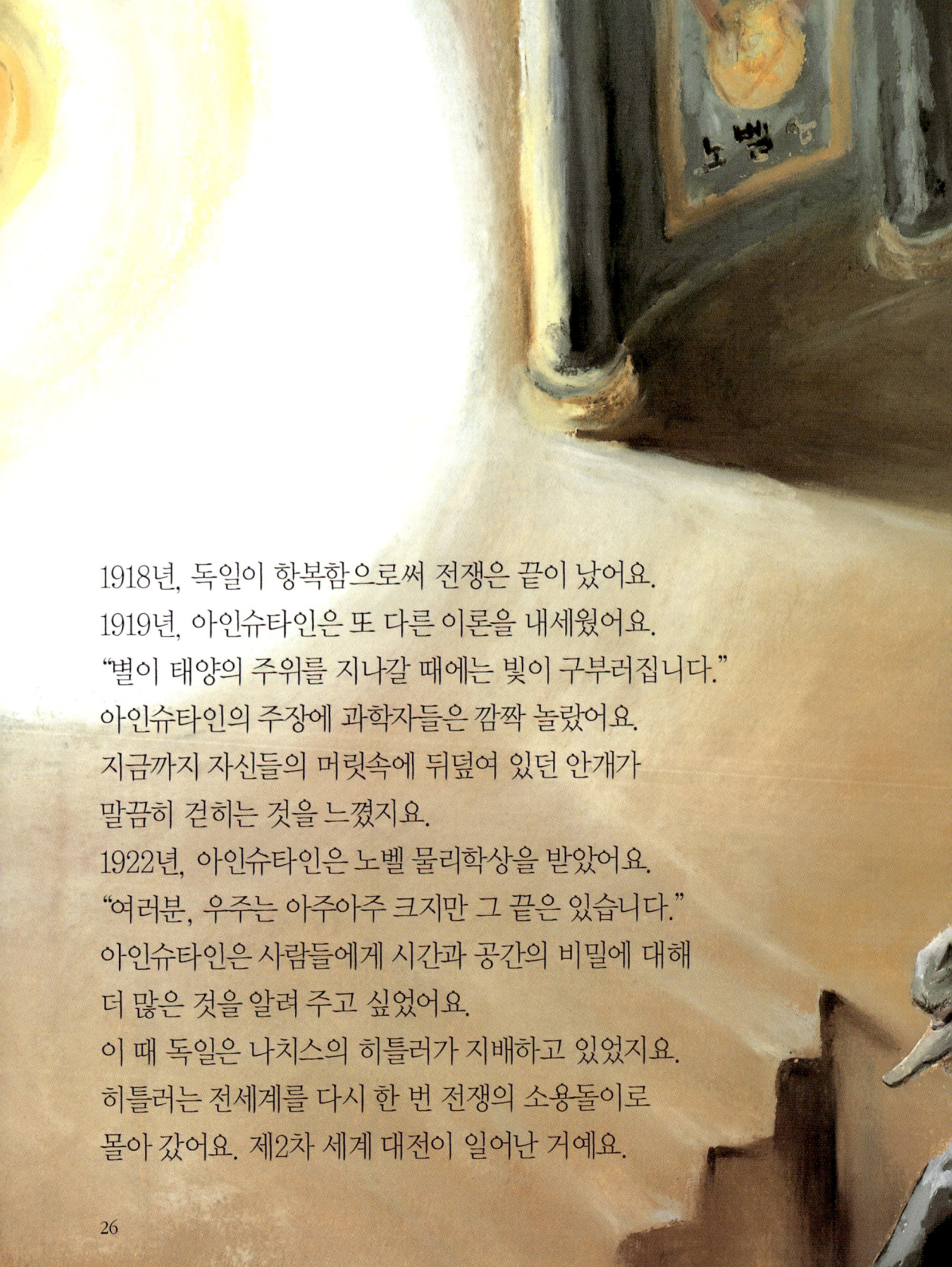

1918년, 독일이 항복함으로써 전쟁은 끝이 났어요.
1919년, 아인슈타인은 또 다른 이론을 내세웠어요.
"별이 태양의 주위를 지나갈 때에는 빛이 구부러집니다."
아인슈타인의 주장에 과학자들은 깜짝 놀랐어요.
지금까지 자신들의 머릿속에 뒤덮여 있던 안개가
말끔히 걷히는 것을 느꼈지요.
1922년, 아인슈타인은 노벨 물리학상을 받았어요.
"여러분, 우주는 아주아주 크지만 그 끝은 있습니다."
아인슈타인은 사람들에게 시간과 공간의 비밀에 대해
더 많은 것을 알려 주고 싶었어요.
이 때 독일은 나치스의 히틀러가 지배하고 있었지요.
히틀러는 전세계를 다시 한 번 전쟁의 소용돌이로
몰아 갔어요. 제2차 세계 대전이 일어난 거예요.

독일은 아인슈타인의 상대성 원리를 바탕으로
핵 폭탄을 만들고 있었어요.
이 소식을 들은 아인슈타인은 누구보다 평화를 바라는
마음에서 미국으로 건너갔어요.
'그래, 독일보다 미국이 핵 폭탄을 먼저 만들면
독일이 핵 폭탄을 쏘지 않을 거야.'
아인슈타인은 미국을 도와 원자 폭탄을 만들었어요.
하지만 원자 폭탄을 만든 미국은 끝까지 항복하지 않는
일본의 히로시마와 나가사키에 원자 폭탄을 떨어뜨렸어요.
아인슈타인은 자신의 오랜 연구가 많은 사람들을
죽게 했다는 죄책감을 씻을 수 없었어요.
너무나 마음이 아팠답니다.

그 후 아인슈타인은 핵무기를 없애는 운동 등 평화를 지키기 위해 많은 노력을 했어요.
"앞으로 원자력은 세계 평화와 인류의 행복을 위한 발전에만 쓰여져야 합니다!"
시간이 지나 할아버지가 된 아인슈타인은 이웃집 아이의 수학 숙제도 도와 주고 재미있는 이야기도 해 주는 등 자상한 할아버지로 지냈어요. 물론 연구도 게을리하지 않았지요.
많은 사람들이 그런 아인슈타인을 존경했어요.
그러던 1955년 어느 날, 20세기 과학의 큰 별이었던 아인슈타인은 일흔여섯 살의 나이로 세상을 떠났어요.
아인슈타인은 비록 죽고 없지만, 오늘날까지 그의 과학 이론과 지식들은 인류 과학에 많은 도움을 주고 있답니다.

아인슈타인의 발자취

(1879 ~ 1955년)

1879년	독일의 울름에서 태어남
1889년	뮌헨에서 손꼽히는 루이트포르트 김나지움에 들어감
1896년	스위스의 취리히 공과 대학에 들어감
1902년	베른의 스위스 특허청에 들어감
1903년	밀레바와 결혼함
1905년	중요한 논문을 잇달아 발표함 '상대성 원리'의 이론이 포함되어 있어 세상을 놀라게 함
1912년	취리히 공과 대학의 교수가 됨
1922년	노벨 물리학상을 받음

▲ 열일곱 살 때 학교 친구들과 함께 사진을 찍은 아인슈타인(앞줄 맨 왼쪽)

▲ 1923년, 베를린에서 전쟁에 반대하는 데모를 벌이는 아인슈타인

▲ 천재 과학자 아인슈타인

1939년 미국 대통령에게 원자 폭탄 연구를
        권고하는 편지를 보냄
1945년 원자 폭탄이 완성되어 일본의
        히로시마와 나가사키에 떨어뜨림
1955년 세상을 떠남

▲ 아인슈타인의 책상

▲ 아인슈타인이 공부할 때의 취리히 공과 대학 과학 실험실

과학 발전을 앞당긴 사람들
아인슈타인

'상대성 이론'이란?

'상대성 이론'은 쉽게 말하자면 '모든 것은 따로 떨어져 있지 않고 서로 연관되어 있다.'라는 것이지요. 이 '상대성 이론'이 세상에 끼친 영향은 굉장한 것이었어요. 과학계에서는 아인슈타인이 '상대성 이론'을 발표하기 전까지는 멈춰 있는 공간이 따로 있으며, 또 시간은 언제 어디서나 같은 속도로 흐른다고 생각했어요. 그러나 아인슈타인은 다르게 생각했지요. 아인슈타인의 연구로 사람들은 공간과 시간이 서로 얽혀 있으며, 보는 사람의 위치에 따라서 다르게 보인다는 사실을 알게 되었어요.

이 이론을 바탕으로 하여 과학계에서는 블랙 홀, 핵분열 등 그 동안 풀리지 않았던 다른 많은 사실들이 속속 밝혀지게 되었지요. 또한 '상대성 이론'은 비단 과학 분야에서뿐만 아니라 수학, 철학, 예술 분야에서도 두루 영향력을 끼쳤어요. '모든 것은 상대적이다.'라는 진리가 널리 퍼지면서, 예로부터 꼭 이것이 진리라고 믿었던 것들 대신에 새로운 이론과 사상, 예술 작품들이 태어나게 되었답니다.